FROHE WEIHNACHTEN,
liebe Oma!

riva

Von: ....

Für: ....

Liebe Oma,

zu Weihnachten habe ich dieses Buch für
dich gestaltet. Dabei geholfen hat mir

....

Ich hoffe, es gefällt dir!

Dein/e ....

Das sind wir beide als
Weihnachtselfen:

So würden wir unseren
Schlitten schmücken:

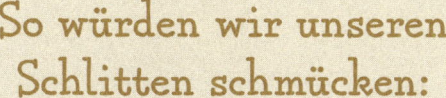

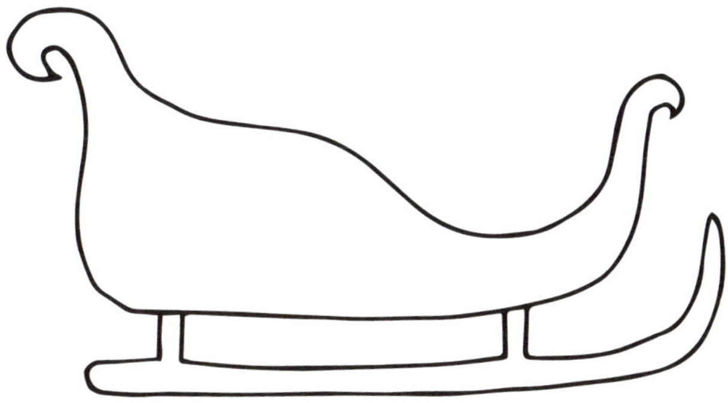

Das mache ich mit dir an
Weihnachten am liebsten:

Und das machen wir den Rest des Jahres gerne zusammen:

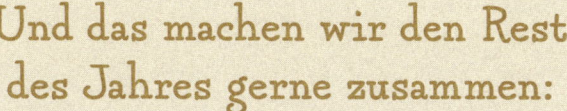

Weihnachten feiern wir dieses Jahr

- ☐ zuhause
- ☐ bei ....
- ☐ im Urlaub
- ☐ ....

So sieht für mich der schönste
Weihnachtsbaum aus:

So fühle ich mich, wenn wir
Weihnachten zusammen feiern:

Und so fühle ich mich,
wenn das nicht geht:

So wichtig sind diese Dinge für mich an Weihnachten:

Plätzchen backen ☆☆☆☆☆

Zeit zusammen verbringen ☆☆☆☆☆

Weihnachtsfilme anschauen ☆☆☆☆☆

Schnee ☆☆☆☆☆

viele Geschenke ☆☆☆☆☆

Weihnachtslieder singen ☆☆☆☆☆

Das liebe ich so sehr an dir:

- ☐ deine Umarmungen
- ☐ deine Ratschläge
- ☐ dein Essen
- ☐ dein Lachen
- ☐ ....

Dieses Weihnachtslied singe ich am liebsten mit dir:

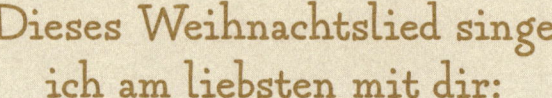

Diesen Weihnachtsfilm schaue ich am liebsten mit dir:

Unser Weihnachten in Zahlen:

Dieses Jahr haben wir schon ..... Schnee-
männer gebaut.

Wir haben ..... Weihnachtsbücher gelesen.

Wir waren ..... Mal Schlitten fahren.

Wir haben ..... Sorten Plätzchen
gebacken.

Wir waren auf ..... Weihnachtsmärkten.

Wir haben ..... Schneeengel gemacht.

Wir haben uns ..... Mal umarmt.

Wenn wir zusammen einen Stand auf dem Weihnachtsmarkt hätten, würde er so aussehen:

Und das
würden wir dort verkaufen:

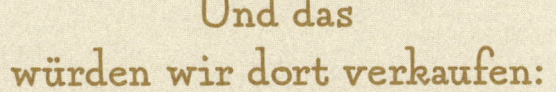

Ich glaube, das machen nur wir an Weihnachten:

Diese Weihnachtsgeschichte höre ich am liebsten von dir:

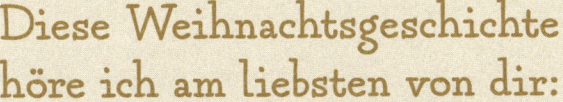

Das sind
meine Lieblingsplätzchen:

Und das sind deine:

Diese Plätzchen habe ich
für dich dekoriert!

Das war mein schönstes Erlebnis mit dir in dieser Weihnachtszeit:

Und das müssen wir unbedingt nächstes Jahr machen:

Mein größter Wunsch
zu Weihnachten ist:

Und ich glaube, das hast du dir
dieses Jahr am meisten gewünscht:

Daraus besteht unser Weihnachten:

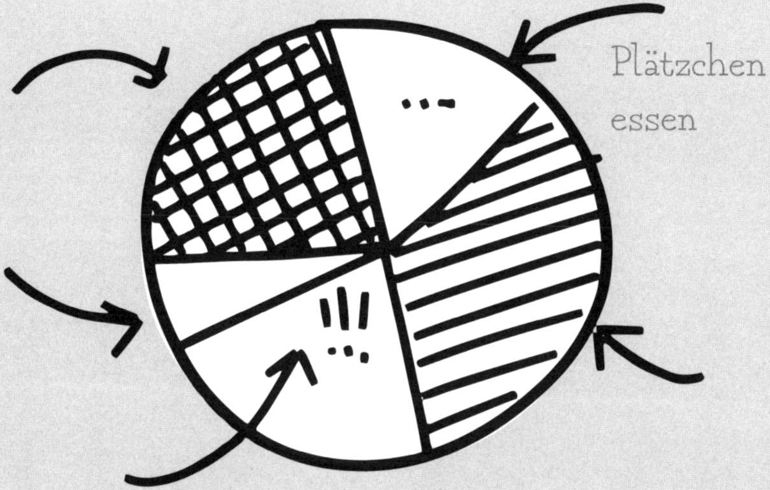
Plätzchen
essen

An Weihnachten esse
ich am liebsten:

Das schmeckt am besten,
wenn es von dir/Papa/Mama/
Opa/......... gemacht wurde.

Das war dieses Jahr in meinem Adventskalender:

Hier haben wir zum ersten Mal
zusammen Weihnachten gefeiert:

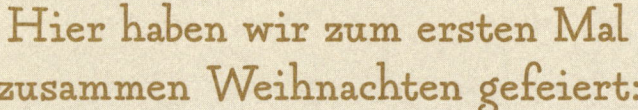

Weihnachten mit dir ist
so schön, denn du

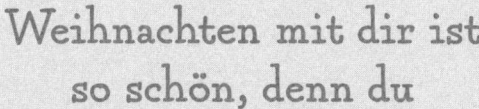

- [ ] backst die leckersten Plätzchen.
- [ ] kennst die besten Weihnachtslieder.
- [ ] schmückst den Baum am schönsten.
- [ ] baust den größten Schneemann.
- [ ] erzählst die tollsten Geschichten.

Hier würde ich gerne einmal
Weihnachten mit dir feiern:

Unsere Lichterketten leuchten

☐ weiß

☐ bunt

☐ gelb

Und das sieht so aus:

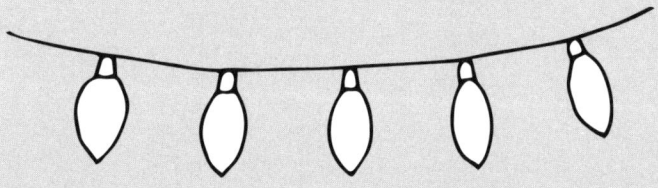

Diese Weihnachtspullis sollten
wir nächstes Jahr tragen:

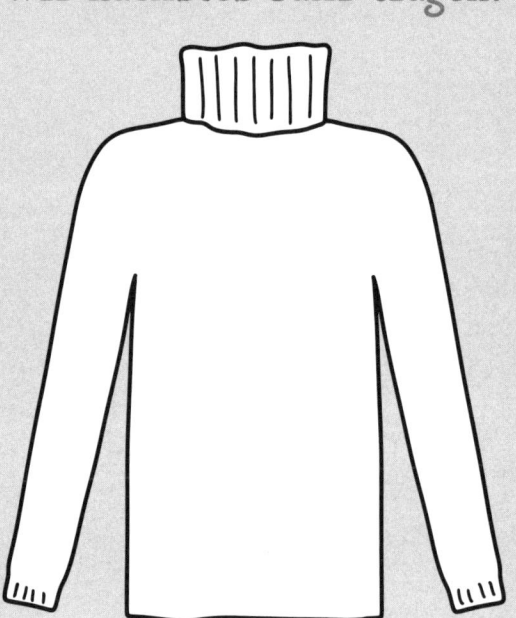

Das ist meine schönste Erinnerung an Weihnachten mit dir:

Das beste Geschenk, das ich je zu
Weihnachten bekommen habe, war:

Wenn ich dir
Weihnachtsbaumkugeln machen
könnte, sähen sie so aus:

Darum hast du das größte Geschenk der Welt verdient:

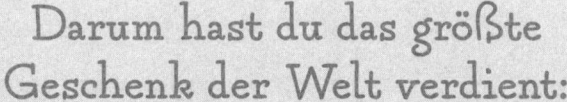

- [ ] Du bist immer da, wenn ich Hilfe brauche.

- [ ] Du bringst mich so oft zum Lachen.

- [ ] Du hast immer ein offenes Ohr für mich.

- [ ] Du bist mutig wie ein Löwe.

- [ ] Du hast ein großes Herz.

- [ ] ....

Wenn wir zusammen am Nordpol wären, würden wir

☐ mit den Eisbären Schlitten fahren.

☐ die Werkstatt vom Weihnachtsmann suchen.

☐ die Polarlichter anschauen.

☐ uns eine Schneeballschlacht mit den Weihnachtselfen liefern.

☐ ein Iglu bauen.

☐ ....

Als Engel hätten wir solche Flügel:

Und wir würden diese
Instrumente spielen:

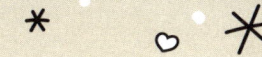

Das ist meine eigene kleine Weihnachtsgeschichte für dich:

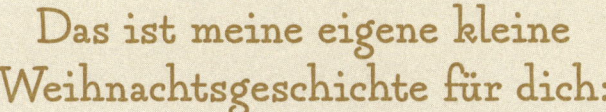

Dafür bin ich dieses Weihnachten ganz besonders dankbar:

Wenn Geld keine Rolle spielen würde, würde ich dir das hier zu Weihnachten schenken:

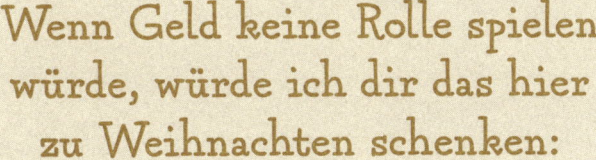

Weihnachten verbringe ich
natürlich am liebsten mit dir, aber
gerne auch mit diesen Menschen:

Hier ist ein Geschenk
für dich:

Das wünsche ich dir fürs neue Jahr:

☐ Gesundheit

☐ Sonnenschein

☐ viel gutes Essen

☐ viele Umarmungen

☐ tolle neue Abenteuer (mit mir!)

☐ ....

Danke, dass du meine Oma bist.

Frohe Weihnachten!

Bibliografische Information der Deutschen Nationalbibliothek
Die Deutsche Nationalbibliothek verzeichnet diese Publikation in der Deutschen Nationalbibliografie.
Detaillierte bibliografische Daten sind im Internet über https://dnb.de abrufbar.

Für Fragen und Anregungen
info@m-vg.de

Originalausgabe
1. Auflage 2024
© 2024 by riva Verlag, ein Imprint der Münchner Verlagsgruppe GmbH
Türkenstraße 89
80799 München
Tel.: 089 651285-0

Abbildungen: Adobe Stock/Ann Wentworth, AnyaLi, devitaayu, drawlab19, Elena, harmonia_green, Iuliia, KatyF-laty, Magdalena Kucova, NadezdaBarkova, o_a, Taras, Tartila, TWINS DESIGN STUDIO, Анастасия Винтовкина, Екатерина Хныкина
Umschlaggestaltung und Layout: Isabella Dorsch
Satz: Andreas Linnemann
Druck: Livonia Print, Riga, Lettland
Printed in the EU

ISBN Print 978-3-7423-2738-3

Wir produzieren
nachhaltig
www.m-vg.de

— Weitere Informationen zum Verlag finden Sie unter —

www.rivaverlag.de

Beachten Sie auch unsere weiteren Verlage unter www.m-vg.de